Animal Medicine Book

アニマルメディスンブック

北川らん 著　佐俣水緒 絵

Animal Medicine Book

はじめに

みなさん、絵本や写真でトーテムポールを見たことがあると思います。
何種類かの動物を重ねた、彫刻を施した柱です。
トーテムというのは、その部族と共にある精霊のことで、
動物だけではなく、雨や雷や太陽、キノコや木の実なども、トーテムのひとつです。
共にあることで、人はトーテムから様々な助けと学びを得ることができます。
その学びが、この本の中に出てくる『メディスン』です。
善く生きるために、自然界から処方されるサプリメントと受け取ってくださいね。

この本で紹介する動物たちのメディスンは、
それぞれの動物の生態を自分たちの暮らしや心に重ねて、
大切なメッセージとして受け継がれてきた、インディアンの知恵。
私たちの周りにある、自然の恵みのすべてに宿っているものです。

あなたに示されるメディスンが上手く働いているなら、
それは、あなたの素晴らしい長所です。短所は長所の言葉どおり、
せっかくの良い資質が上手く機能していなければ、
それが何より自分を縛る苦しさになってしまいます。
善く生きるとは、良いことだけをするとか、悪い心を持たないことではありません。
良いことがなにかを知るには、なにが悪いのかを知らなければならないように、
自分の中の至らない所や、つい見ないフリをしてしまう弱さも受け入れて、
今日より明日、明日より明後日の自分を、少しずつ育てて行くことなんですよ。
あなたが気になる動物を自分のトーテムとして、生き方に反映させても良いですし、
ページを開いた時々に示されたメディスンが、今、自分に足らない物なのか、
それとも過剰になり過ぎて上手く働いていないのか、
それとも気づいていない素晴らしい資質なのか。
動物たちのメッセージに耳を傾けてみてくださいね。
トーテムはいつでも、あなたと共にあり、
あなたが望むなら全てのメディスンは、あなたの元に届けられます。

Animal Medicine Book

この本の使い方

●今、必要なメディスンの受け取り方

まず、開いたページに描かれている動物の姿を、心の中に取り込んでくださいね。
これは、精霊をあなたの中に呼び込む作業です。
あなたに呼ばれる前、動物たちは穏やかに過ごしています。
あなたの中に現れた動物が、どんな表情で何を語りかけてくれるのか、自由に感じてください。
狭い檻に閉じ込められていたり、お腹を空かせて荒んでいたり、寂しくて途方に暮れていても、
そのイメージを否定しないで大丈夫です。逆に、楽しく笑顔でやってくるかもしれません。
浮かんだイメージが、あなたの心が求めている物や、持て余していること、
あなたの長所を教えてくれます。
【解説】から、精霊のメッセージを受け取って、
【処方箋】から、あなたの心のどこに届けるのかを確認してくださいね。

●自分と共に居てくれるトーテムに出会う

意味はないけど気になる動物や、理由はないけど好きな動物。メディスンを知って、
自然に気持ちが動いた動物を、あなたのトーテムとして、受け入れてくださいね。
トーテムは、あなたが何かを決断したり、行動を起こそうとするとき、
それが、あなたらしくあるように導いてくれるでしょう。
自然の中で躍動する命の力を、あなたの中に宿してくれます。
あなたが何かを苦しく感じるとき、あなたのトーテムは、その働きを止めています。
自分の身に起きることは、好ましいことばかりではないですよね。
意に沿わないこと、苦手なことを避けて通れない場面の方が、多いのが人生かもしれません。
そんなとき、あなたらしく、困難を乗り越える力になってくれるのが、
あなたを護り導く精霊、トーテムなのです。
トーテムは、ひとつの精霊に限られてはいません。
あなたの人生のステップに合わせて、何種類かのトーテムがやってきます。
新しいことにチャレンジするとき、生き方を切り替えたいとき、
あなたが感じる節目に、あらためてトーテムとの出会いを求めてみてくださいね。

もくじ

はじめに 3
この本の使い方 4

バク 8	カエル 56	カバ 104
ネコ 12	キツネ 60	シマウマ 108
ナマケモノ 16	クマ 64	フクロウ 112
アザラシ 20	オオカミ 68	カラス 116
ペンギン 24	バッファロー 72	カメ 120
スズメ 28	ライオン 76	サイ 124
ハト 32	ゴリラ 80	パンダ 128
クジラ 36	トラ 84	サケ 132
イルカ 40	オランウータン 88	ウサギ 136
ネズミ 44	ゾウ 92	ムース 140
イヌ 48	キリン 96	コヨーテ 144
ワシ 52	タヌキ 100	ウマ 148

おわりに 152

アニマルメディスンブック

【解説】と【処方箋】

バク

みんなになにか、分けてあげてる？

バク

命の輪を動かす

【解説】

南米、北米、暖かいアジアに広く棲んでいます。器用に動く長めの鼻で、
果物や草を摘んで食べます。水浴びが大好きで、餌場から水場に通う道は、
彼らが作った藪のトンネルが自然にできあがります。
とてもおとなしく、危険があれば水の中に避難して身を隠します。
見た目がなかなか個性的な彼らをむかしの人たちは、神秘的な存在と捉えていました。
マレーバクの白と黒の胴体の白い部分は、お釈迦さまが股がったので、
白い鞍になったとか、神さまが色々な生き物を全部作り終わったあと、
パーツが余っちゃったので、それを組み合わせたらバクになったとか。
日本でも、お寺の軒先に魔除けとして、バクの顔を模した彫刻を見ることができます。
こんなバクのメディスンは、『**命の輪を動かす**』です。

今、スポーツハンティングや森林の減少で、彼らも絶滅に向かっています。
バクは果物や木の実を食べ、森のあちこちで排泄することで、
種を運び蒔いてきました。それによって、森はたくさんの新しい植物が育ち、
より豊かに保たれてきたんですね。
彼らが居なくなることは、命の輪が動きを止めることにつながっています。
どんなに人間がテクノロジーを手にいれても、
同じ森や同じ命を生み出すことはできません。

【処方箋】

【プラスに作用しているとき】

良い循環を生きるバク

人との関わりの中で、良いアイディアを出したり、実のある議論ができます。
けして、その場しのぎや一過性で終わらない、本物を作り出すことができます。

【マイナスに作用しているとき】

自分が分からない寂しいバク

誰からも必要とされない、そんな寂しさを感じてはいませんか？
バクは家畜として求められるでもなく、毛皮が珍重されるわけでもありません。
でも、そんな人間の狭く勝手な価値観とは関係無く、森を豊かに育て守る大切な存在です。
「あなたの笑顔はあなたにしか作れない」、「あなたの声で伝える言葉は、あなたにしか届けられない」のと同じなんですよ。
あなたが、命の輪の中の大切なひとりだと教えてくれるのも、バクのメディスンです。
あなたは、あなただから魅力的だと、気づいてくださいね。

【トーテムに望むなら】

あなたがバクをトーテムに望むなら、あなたがたくさんの種を撒き、
みんなに豊かさを分けていく、そんなイメージを持ってくださいね。
あなたがしたいと望むことが、誰かのためになることとリンクする成長を促してくれます。

ネコ

言葉の力って、信じる？

ネコ

 ## 言霊

【解説】

イヌと並んで私たちの家族としても、大変身近な存在です。
インディアンの昔ばなしにも、ヤマネコとして登場しています。
ネコたちは自分が伝えたいときには、ちゃんと意思表示をしたり、
話しかけてきますよね。
それ以外、あまり無駄なおしゃべりをすることは珍しいかもしれません。

このヤマネコのお話も、ヤマネコを相手に森の仲間のうわさ話や悪口を話すウサギに、
「あなたの口から出てる言葉は、聞いてる私の物じゃなくて、あなたのものよ？」、
「私の耳に届いたら、もう、あなたの胸に戻すことはできないわ」と、
ヤマネコは釘を刺します。
ネコのメディスンは、『**言霊**』です。

それと同時に、「口から出た言葉は自分自身の姿として相手に伝わる」、
という戒めの意味を持っています。

【処方箋】

【プラスに作用しているとき】

懐深く聞き上手なネコ

自分が口を開く前に、まず相手の話を聞くことができるので、
深いコミュニケーションを取ることができます。
噂話など無責任な言葉を嫌うので、人からの信頼を得ることもできるでしょう。

【マイナスに作用しているとき】

言葉に踊らされるネコ

噂話や悪意のある言葉、無神経な言葉に傷つくことは、
誰かと関わりながら生きている中で避けられない物でもあります。
そんな場面に出くわしてしまったら、「あなたの言葉は、私の物ではない」
そう、きっぱり受け取りを拒否してください。
あなたを傷つける言葉は宿主に返り、傷つく痛みを知るでしょう。
逆に、あなたの口から出て行く言葉にも注意を払ってくださいね。

【トーテムに望むなら】

あなたがネコをトーテムに望むなら、言葉を大切に感じてください。
額面通りに受けとるのではなく、相手が本当に伝えたいことは何なのかを聞き取れる耳と、
あなたが伝えるべき言葉を考える力を与えてくれるでしょう。

ナマケモノ

無理しないって、むずかしい？

ナマケモノ

無理をしない生き方

【解説】

ナマケモノは、熱帯雨林のジャングルの木の上で暮らしています。
1日20時間くらいを睡眠についやして、1週間に一度だけ排泄のために木を降ります。
身体にはほとんど筋肉は無く、木の枝にも爪を引っ掻けてぶら下がっているだけなんです。
戦う術は一切持たず、逃げるための脚力もありません。
彼らが身を守る唯一の手段は、擬態すること。
森の一部になって捕食者の目を欺くことです。

おとなのナマケモノの中には、身体に苔が生えてくるものもいますが、
天然の迷彩服のようにカムフラージュに役立ちます。
そんなナマケモノのメディスンは、『**無理をしない生き方**』です。

ナマケモノたちは他の動物に襲われなくても、
ただ満腹にゴハンを食べただけでも命を落としてしまいます。
消化に時間がかかりすぎて、次の食事ができずに餓死してしまうんです。
「過ぎたるは及ばざるが如し」まさに、ナマケモノのための言葉かもしれません。

【処方箋】

【プラスに作用しているとき】

無理せず心地よく過ごすナマケモノ

自分の能力を無理せずに、最大限に発揮できています。
何事もやり過ぎず、自分にも周りにも負荷をかけない良いペースが自然にできてきます。

【マイナスに作用しているとき】

食べ過ぎて寿命が縮むナマケモノ

何かに追われて辛く感じるとき、この満腹状態のナマケモノと同じかもしれませんね。
抱え込み過ぎ、背負い過ぎは、自分から荷物を下ろさなければ状況は変わりません。
無理をするより、自分の身の丈でできることに力を注いでくださいね。
無理を続けるのは、誰のためにもなりません。

【トーテムに望むなら】

あなたがナマケモノをトーテムに望むなら、努力の意味を間違えないでくださいね。
無理を重ねず、自分を追い込まず。
真摯に生きることにだけに集中する生き方へ、導いてくれますよ。

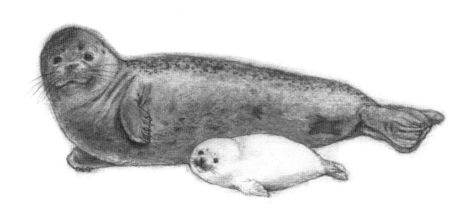

アザラシ

生きてるって、すごくない？

アザラシ

 命の意味を問う

【解説】

寒い地域の海に暮らすアザラシたちは、
アイヌやエスキモーなど、厳しい環境で暮らす人たちに、寒さを凌ぎ、
道具を作るために毛皮を与え、火を灯すための脂肪を与え、
命をつなぐために肉を与えてきました。
このアザラシからの贈り物を、
むかしの人たちは当たり前のこととは思いませんでした。

「自分たちの生活を営むために、アザラシの命を奪っている。
だからこそ、自分は善く生きなくてはいけない」
そんな感謝と戒めの心を、けして忘れなかったと云います。
アザラシのメディスンは、『**命の意味を問う**』です。

どの生き物も食物連鎖の中にあります。他の命を食べて自分の命をつないでいます。
「あなたがそうしてつないでいる、あなたの命の意味はなに？」、
「真摯に自分を生きているの？」
アザラシは、まっすぐにあなたを見つめて、そう問いかけています。

【処方箋】

【プラスに作用しているとき】

海を楽しく泳ぎ回るアザラシ

今の自分だからできることを精一杯、満喫することができるでしょう。
悔いを残さず、毎日を気持ち良く生ききる、充実した気持ちを感じられます。

【マイナスに作用しているとき】

外敵に怯えて動けないアザラシ

「自分なんて、別にどうでもいい」、「私に価値なんかない」、そう感じて動けなくなるのは、
「食べられちゃうくらいなら動かない」、と決めたアザラシと同じです。
私たち人間は、アザラシのように他の生き物の糧になることは、
ほぼ無いと言っていいでしょう。それは同時に、多くの命に生かされていることでもあります。
あなたの中に、あなた以外の命も形を変えて生きています。
食べる側にも食べられる側にも、価値のない命は、ただのひとつも無いんですよ。
あなたが、あなたを形づくるたくさんの命と、どんな風に生きてゆきたいのか、
見つめなおしてくださいね。

【トーテムに望むなら】

あなたがアザラシをトーテムに望むなら、
今を、今日を生きている自分を感じてみてくださいね。
この瞬間に、あなたがこうしているのは、当たり前ではないことを教え、
「生きる意味」、「命の儚さ」と「尊さ」を与えてくれるでしょう。

ペンギン

ほんとの恋、したことある？

ペンギン

純粋な愛情

【解説】

ペンギンには、オス同士のパートナーを持つカップルが、めずらしくはありません。
そこには、純粋な愛情があり、ふたりの間に新しい命の誕生を望む気持ちもあります。
他のカップルの巣から卵を持ち去ろうとしたり、かわりに魚や石を温めてみたりと、
愛情を傾ける先が見つからない、せつない行動を見せることもあります。
母親に放置された卵を任せてみると、ちゃんと孵化させ、
協力して赤ちゃんを育てているそうです。

こういった同性カップルは、ペンギンだけに見られるわけではなく、
他の動物でも確認されています。
そんなペンギンのメディスンは、『**純粋な愛情**』です。

自分が好きになった相手に、自分のままで愛情を注ぐことに躊躇はありません。
今の時代、人間にも肉体的な性別の他に、心が捉える性別があり、
愛する対象が同性であることが、けして不自然ではないと受け入れられてきました。
本来、生き物は両方の性を身体の中に持っていますよね。
だから恋愛の対象が同性でも異性でも、まったく不思議ではないんですよ。

【処方箋】

【プラスに作用しているとき】

パートナーを慈しむ幸せなペンギン

愛する人と、お互いを慈しみあえる幸せを感じられます。
年齢や性別、国籍なんて小さなことにこだわらず、
あなたのオンリーワンな存在を近くに感じられます。

【マイナスに作用しているとき】

本当の幸せを受け入れない哀しいペンギン

自分の性や恋愛を隠すべきものと感じているなら、素直に大切な人を思い出してくださいね。
周りがどうであれ、お互いを大切に想い、
寄り添える気持ちを重ねるパートナーに出会えたなら、それがあなたの愛の形です。
心から好きな気持ちを伝えられる相手がいるのは、とても幸せなことですよね。
逆に、自由な愛の形が理解できないという方もいらっしゃるでしょう。
ならば、性別や先入観に繋がるものをすべて捨て去ってから、
このメディスンを受け取ってください。
あなたと同じ、誰かを愛する気持ちだけが見えてきますよ。

【トーテムに望むなら】

あなたがペンギンをトーテムに望むなら、純粋に愛だけを受け入れてくださいね。
性別や種族、年齢などに縛られない、本当の愛について学ぶ成長を促してくれますよ。

スズメ

自分じゃできないことって、なんだろう？

スズメ

委ねる気持ち

【解説】

日常の中で見かけない日がないくらい、身近なスズメたち。
小さくふっくらした愛らしい姿を都会の真ん中でも見ることができます。
中でも公園の池で水浴びをしたり、砂場でパタパタと砂浴びをする様子は、
誰もが一度は目にしている、スズメらしい一面です。

通常、鳥は、水か砂のどちらか一つしか浴びることはありません。
さらにスズメにはもう一つ、「蟻浴び」という習性があります。
蟻の巣穴や蟻塚に寝転んで、わざと蟻を身体に付けます。
くちばしで、蟻を羽の隙間に入れることもあります。

この蟻浴びは、羽や皮膚に寄生したダニなどを蟻に駆除してもらうためなんですね。
水や砂では充分ではなく、自分では難しいお手入れを蟻に委ねているのでした。
自然の世界では、こういう形で共生する組み合わせがいくつもありますが、
スズメのように自ら訪ねて行ってさらに、
「ここお願いね」と注文をつけるのは珍しいかもしれません。
スズメのメディスンは、『**委ねる気持ち**』です。

自分では難しいことがあるなら、素直に誰かに助けを求める潔さも大切です。

【処方箋】

【プラスに作用しているとき】

気持ち良く砂浴びをするスズメ

自分では無理なこと、難しいことはなにかを理解していて、
素直な気持ちで援助を求めることができます。
この援助の申し出も、お互いにメリットがあるように配慮することが自然にできます。

【マイナスに作用しているとき】

臆病で羽が汚れたスズメ

自分ひとりでも、上手くできることは沢山あります。
でも、見方を変えるなら、できる範囲で上手くやっているに過ぎません。
より良い結果を求めて、誰かの力を借りたり意見を聞くことは、
あなたの世界にも新しい物が訪れ、可能性を広げます。
誰かに何かを委ねるのは勇気が要ることですが、何に行き詰まるのか分かっているなら、
助けてくれる適任な相手を見極められるはずです。

【トーテムに望むなら】

あなたがスズメをトーテムに望むなら、我を張って意固地になる自分を捨ててください。
誰かに大切なことを委ね、お互いになにかを得る形の成長を助けてくれますよ。

ハト

失敗できたことは、宝物だよ？

ハト

経験の大切さ

【解説】

平和のシンボルとして、世界中で知らない人は少ない鳥です。
お寺や神社、公園で群れを作っている姿は珍しくありませんが、
ハト同士がケンカをする姿を見ることは、ほとんどと言っていいくらいありません。
ハトには縄張りやメスを争う習性がなく、戦うことがありません。
自由に暮らしている環境では、戦う必要がないんですね。
でも、狭いカゴに複数で閉じ込めたりすると、
パニックを起こしてケンカを始めることがあります。
このケンカに決着がつくのは、どちらかが命を落としたときです。
戦う経験を持たないハトは、どこまでやったら致命傷になるのか。
これで相手は負けを認めた。そんな基準を何一つ知らないんですね。
ハトのメディスンは、**『経験の大切さ』**です。

子どものころに、友だちとケンカをしたり、仲直りしたり、私たちも経験を重ねて、
人との付き合い方や距離感を身につけます。
ハトは根っからの平和主義者ですが、戦う痛みを知ることがあったなら、
相手を傷つける意味まで知ることができたでしょう。

【処方箋】

【プラスに作用しているとき】

巣だったばかりの若いハト

お互いに無いものを補い合うことが、自然にできるようになります。
知らないことを持ち寄ることが、新しい経験を生み可能性をより広げることができるでしょう。

【マイナスに作用しているとき】

経験が視野を狭くする年老いたハト

ハトほど極端ではないにしろ、私たち人間も個々の体験、経験が一律のものではありませんよね。
生まれた環境、育った家庭、囲まれてきた人たち。それぞれが違う中で成長してきています。
その中で得てきた物も、もちろん違って当たり前ですよね。
もし、どうしても合わない、苦手と感じる相手がいるなら、あなたとは違う経験や体験が、
その人の今に大きな影響を与えているからかもしれません。
良い関係は、近く仲良くなることだけではありません。
折り合いがつく距離を置いて共存するのも、良い関係の形のひとつです。
お互いの経験を尊重する気持ちで、相手を見てくださいね。
好きにはなれなくても、相手をそのまま認めることはできるかもしれませんよ。

【トーテムに望むなら】

あなたがハトをトーテムに望むなら、
今までの自分の体験や経験がなにに必要なものかを一旦、整理してみてください。
それを元にハトは、あなたがこれからの人生の地図を描く手助けをしてくれるでしょう。

クジラ

どっちに行くか、迷ってるの？

クジラ

進むべき方向を確認する
古い記憶を紐解く

【解説】

むかしの人は、クジラは広い海を移動するときに、
北極星を目印にしていると考えていたそうです。
クジラのメディスンは、『**進むべき方向を確認する**』です。

「どっちに向かって進んでいるのか」、「自分は今、どの辺りにいるのか」、
そういったことを明確にしておくことなんですね。
自分自身の北極星を見つけることができれば、方向を見失うことはないと云います。
何かに迷っているときには、自分の北極星は何だったのかを改めて考えてみると、
迷いを抜けるヒントが得られるかもしれません。

もうひとつクジラには、『**古い記憶を紐解く**』という意味があります。

これは、「過去の経験や記憶の中に、今の自分に必要な物を見出す」、ということです。
その経験や記憶は自分だけのものだけではなく、
みんなが共有しているものにもつながるそうです。
どうして、こんな意味を持っているのかですが、
「海はすべての命の根源であり故郷であって、クジラはその世界を治める生き物である」
と考えられていたからだそうです。
「古い記憶の管理人さん」、という感じなのかもしれないですね。
過去から学ぶことは、これから何をしていくのかには不可欠でもあります。
「目先のことだけにとらわれないように」、という戒めでもあります。

【処方箋】

【プラスに作用しているとき】

悠々と海原を泳ぐクジラ

迷うことなく大海原を旅するように、目標に向けて進んで行かれます。
過去の出来事や体験を活用しながら、より良い形で目的を達成することができます。

【マイナスに作用しているとき】

方向を見失って座礁するクジラ

「今のままで、いいのか？」と不安になったり、
「何かを変えたいけど、どうしたらいいかわからない」。
もし、そんな気持ちを感じているのなら、あなたを導く北極星、明確な目標をみつけましょう。
大切なのは、あなたがどこを目指すのかです。
目的地が明確なら、あとは好きなルートを選べるようになりますよ。

【トーテムに望むなら】

あなたがクジラをトーテムに望むなら、先を目指す前に、
過去の記録や出来事にも目を向けてくださいね。
その上で北極星を目指すなら、あなたにはすでにクジラが宿っていて、
正しい道へと押し出してくれますよ。

イルカ

いま、楽しい気持ち？

イルカ

楽しむこと

【解説】

イルカは、コミュニケーション能力に優れていることが知られていますね。
これは、相手が何を求めているのかを察する力が高いと言えるかもしれません。
イルカのメディスンは、『**楽しむこと**』です。

例えば、ショーで色々な技を披露しているイルカたちは、
「これは仕事だから」、とか、「やらないと叱られる」とか、
そういった義務感からではなく、上手にできたらご褒美がもらえるゲーム感覚で、
みずから楽しむ気持ちを持っているそうです。
やらされ感を持たずに、「楽しいからやる」、という自主性とも言えるでしょう。

もし、このゲームが楽しいものでないなら、
イルカは人間の言うことを聞いてくれはしないでしょう。
彼等と一緒に何か楽しいことをしたい、という気持ちを察しているからこそで、
けして人間に服従しているからではないわけです。
楽しむことは、「やらされていると感じない」こと、
「他の存在に自分の行動の理由をゆだねない」ことと教えてくれています。

【処方箋】

【プラスに作用しているとき】

興味のあるものを楽しむイルカ

仕事でも、勉強でも、遊びでも、好きだからこそ楽しめます。「やるべき、やらなくてはいけない」そんな強迫観念とは無縁に、すべての時間を自分のものとして、楽しむことができますよ。

【マイナスに作用しているとき】

やらされてばかりで退屈なイルカ

「自分が頼んだことじゃないから」、「こんな遊びなんて、つまらないよ」。
何をしていても楽しいと感じられないとき、「やらなくてはいけないこと」という気持ちで、自分を縛ってはいないでしょうか？　日々の暮らしの中で、仕事や家事や人づきあいなど、あなたが求められ、任せられることはたくさんありますよね。でも、本当にやりたくないなら、どれも放り出すことは可能です。あなたが人の環から外に出てしまえば、簡単に解放されます。
しかし、本当に望むのは、そんなことではないですよね？
何をどんなに一所懸命にやっても、誰にも省みられないことが、あなたを苦しめているのかも。
あなたの周りで、それが当たり前なら、まず、あなたから、誰かの頑張りを認めて、
誉めてみてくださいね。きっと空気は変わりますよ。

【トーテムに望むなら】

あなたがイルカをトーテムに望むなら、やらされ感を捨ててくださいね。
イルカの信条は、「与えられたものを楽しむこと」。すべてがゲームです。
退屈のない世界に、あなたを誘導してくれるでしょう。

ネズミ

あぶないこと、見分けてる？

ネズミ

精査する

【解説】

小さい身体でよく動く、誰でも知っている動物。
ネズミのメディスンは、『**精査する**』です。

彼等のサイズに合っている、狭いけど細かいことまで見えてくる視点を示しています。
「目の前にある食べ物は、食べても大丈夫なものなのか？」、
「巣を作るのに、この場所は適しているのか？」、
周りの環境や安全性を細かくチェックしていきます。一度、危ない目にあったりすると、
きちんと学習して同じことは繰り返しません。
その結果、彼らは食べ物や水が豊富にあって、冬は暖かく夏は涼しく、
なおかつ天敵から狙われない、快適な生活を送ることができるんですね。
この精査する力には長けていても、
大きな目で自分が置かれている状況を把握することは難しいです。

例えば、大きな宮殿の厨房に巣を構えたとして、
最適な環境であることは理解していますが、そこが大きなお城の一部でしかなく、
自分たちが大豪邸に住んでいる自覚はないんですね。
もし、彼らが自分の住まいの全体像を知ろうとするなら、
かなり離れたところから建物の全景を確認するしかないわけです。
ネズミの精査が上手く機能していると、自分が直面していることについて、
良い理解と判断をすることができます。
でも、これが過剰になってしまうと、目の前のことだけにとらわれてしまって、
物事の全体像が見えなくなってしまいます。
その結果、自分を小さな世界に閉じ込めてしまうことになります。

【処方箋】

【プラスに作用しているとき】

小さなことも見逃さない敏感なネズミ

身の回りで起きる些細な変化も見逃すことなく、状況を的確に判断することができます。
人の表情や言葉のニュアンスを読み取り、心理の変化にも臨機応変に対処できるでしょう。

【マイナスに作用しているとき】

目の前のことしか見えない近眼のネズミ

「自分が生きている意味が分からないよ」、「この仕事って、誰に必要とされてるの?」、
そんな気持ちのとき、あなたは「近眼のネズミの目」で、
物事を捉えている真っ最中かもしれません。あなたの手元から、
目線を物事の流れに移してみてください。あなたが、けして意味のない存在ではなく、
大きな流れを作る大切なひとりだと気づきますよ。

【トーテムに望むなら】

あなたがネズミをトーテムに望むなら、
その前に、物事の全体像を把握する習慣を身につけてくださいね。その中を精査する力を、
ネズミは与えてくれるでしょう。多面的に物を知ることができますよ。

イヌ

大好きだから、信じられるよ。

イヌ

誠実さ

【解説】

彼等は、大昔から人と一緒に暮らしてきた家族であり、友だちであり、仲間です。
イヌのメディスンは、『**誠実さ**』です。

人は自分の機嫌や都合次第で、接し方を変えたり、時には叩いたり、意味なく叱ったり、罵声を浴びせたり、ということをしてしまいます。
イヌのメディスンである『誠実さ』は、
「私たち人間が、どんなに理不尽で身勝手な振る舞いをしても、彼等はそれを赦し、愚かな行為でも黙って受け入れてくれる」、そんな意味を含んでいます。
身を以て、「誠意とは何か？」、「誠実さとは何か？」を教えてくれる存在なんです。
言い方を変えれば、私たちが不誠実な態度を取っても、
彼等が私たちに向ける誠実さは、変わらないということです。

日本では忠犬ハチ公のお話がありますが、
これは誰でも身近に感じ取ることができるメディスンでもあります。
このイヌの誠実さを失わせることがあるなら、彼等は容赦なく牙を剥くでしょう。
そして、二度とあなたを信じて赦すことはなくなってしまいます。
もう信じるに値しないという基準は、どこにあるのか？
それは、「あなたが、友だちであり家族であるイヌに対してしたことを、省みる心があるかどうか」、です。
自分がした愚かな行いを恥じる気持ちがある限り、
彼等はあなたを赦す気持ちを失くしません。

【処方箋】

【プラスに作用しているとき】

仲間を信じる強くやさしいイヌ

寛容に人と接することができます。
仮に、相手に落ち度があっても、一緒に解決しようと寄り添います。
自ら人を裏切ることはなく、誠意ある人づきあいで信頼を集めるでしょう。

【マイナスに作用しているとき】

裏切られる悲しさを知ったイヌ

誰かを許せない気持ちを抱えているなら、一度、その気持ちから離れてみましょう。
許せないものは、どんなに冷静に考えても、その感情が変わることはありません。
イヌのメディスンである『誠実さ』、『誠意』は、
「相手を許しなさい」、ということではないんですよ。
理不尽な仕打ちや不誠実な相手だからこそ、あなたが信じる誠実さで対応することで、
許すべき相手なら、本心からの後悔と謝罪を引き出すことができるでしょう。
許すか許さないかは、そのあとに判断しても遅くはありませんよ。

【トーテムに望むなら】

あなたがイヌをトーテムに望むなら、人は間違えるもの、過ちを犯す弱いものであることを、
もう一度、胸に刻んでくださいね。それはもちろん、あなたも含めたすべての人間です。
だからこそ、誠意を持って生きることの大切さを、イヌは教えてくれるでしょう。

ワシ

直感って、信じる？

ワシ

インスピレーション

【解説】

ワシは、「他の鳥たちよりも、空のいちばん高い場所を飛ぶ」と、
アメリカインディアンの人たちは考えていました。どこの国でも、
お告げと言われるもの、天啓は文字どおり、天から降りてくるものなのですが、
「ワシは、天啓を与えてくれるグレートスピリットに、いちばん近い場所に行くことが
できて、そのメッセージを運んでくれる」という存在です。

だからもし、自分の中に良いアイディアや閃きが降ってきたとき、
あなたの頭上にはこの精霊が舞い降りている、ということなんですよ。
ワシのメディスンは、『**インスピレーション**』です。

ただ、突拍子もないことや、ミラクルなお告げを期待しないで下さい。
あなたにもたらされる閃きの根拠は、必ずあなた自身の中にあるものだからです。

【処方箋】

【プラスに作用しているとき】

翼を広げて高い空を舞うワシ

柔軟に物事を見たり、考えることができます。
自分を縛る枠を外して、本当に今、必要なものに焦点を絞ることができるでしょう。
その結果、良いアイディアが閃いたり、インスピレーションを得ることにつながります。

【マイナスに作用しているとき】

飛び立てず考え込んでいるワシ

迷ったまま何かを選ぶのは得策ではありません。
少なくとも、何かひとつ、譲れないものや明確な目的が見えてくるまでは、
動いても脱線してしまいます。
ワシのメディスンは、ふとした出来事や出会いの中に、
進むべき方向や、選ぶべき物のビジョンを見せてくれます。
迷いだけで進むのは、目隠しをして山道を進むのと同じです。
大きな空を見上げて、心を空っぽにして、あなたのワシが飛び立つのを待ちましょう。

【トーテムに望むなら】

あなたがワシをトーテムに望むなら、あなたの中に信念があるか、確かめてみてくださいね。
ワシからのインスピレーションを受けとるとき、あなたに何の芯も無ければ、
ただ幻想を見るだけになってしまいます。本物を受けとるために、自分を高めてください。

カエル

自分の声で、唄えるかな?

カエル

恵みの雨を呼ぶ

【解説】

カエルは、多くの動物たちの中で唯一、「雨を呼ぶ歌を唄える」と云われています。
カエルが降らせる雨は、恵みの雨です。
乾いた大地を潤して、植物たちを生き返らせ、動物たちの命をつなぎます。
カエルのメディスンは、そのまま、『**恵の雨を呼ぶ**』です。

物事を再生させる力を示します。カエルのメディスンが上手く働いていると、
どんなに状況が良くなかったとしても、その中から希望を見出し、
もう一度、立ち上がることができます。
「乾いた土地に雨を降らせること」
それは、今、困っていることや行き詰っていることに、必要な打策を見出す力です。
「カエルが気持ちよく歌えるなら、どんなことにも、必ず救いの道は開かれていく」と
云います。

【処方箋】

【プラスに作用しているとき】

気持ち良く歌を唄うカエル

困難な問題に直面しても、諦めることなく改善策を求めます。
どうしたら、より良くなるのか、何が原因で上手く行かないのかを、
絡まった糸をほどくように、丁寧に根気よく追求していきます。

【マイナスに作用しているとき】

泥沼に脚をとられてジタバタするカエル

泥沼に脚を取られてもがいているカエルを、思い浮かべてみてくださいね。
ちょっと落ち着けば、暴れずに、ただ力を抜いて身体を動かすだけで済むことも、
忘れていますよね？　カエルは雨乞いを、ハチドリは受粉をと、それぞれに役割があります。
カエルは雨の歌を唄えても、何でも万能にできるわけではありません。
自分に合った役割を、きちんと果たして生きているなら、泥沼にはまることはありません。
今の自分の役割に違和感を感じるのなら、
あなたにとっての恵みの雨は何なのかを、見直してみるのもいいですよ。

【トーテムに望むなら】

あなたがカエルをトーテムに望むなら、自分の適性について考えてみてください。
心から自分の役割を喜び、誇りを持てるなら、カエルはあなたに、
周りを潤す再生の仕事を与えてくれるでしょう。

キツネ

ちゃんと周りが、見えてる？

キツネ

風景の一部になる

【解説】

洋の東西を問わず、キツネが賢い動物だと考えられた要因に、用心深さがあります。
そんなキツネのメディスンは、『**風景の一部になる**』です。

そこまで気配を殺して身を隠しながら、キツネは何をしているのか？
ですが、「森の中の様子をじっと観察している」と云われています。
どの茂みに誰が住んでいるのか。どの木の枝に、どんな鳥が集まるのか。
タカやワシが見回りに飛んでくるのは、太陽がどれくらいの角度になるときか。
どんな順番で他の動物たちは、水場にやってくるのか。
森の中の出来事や、自分以外の動物たちの行動を把握するためなんですね。
キツネは、みんなが当たり前に取っている、
無意識の行動から何かを探ろうとしています。

このメディスンを上手く使うことができると、
組織や人間関係の中で何が起きているのか、誰が誰に対して、
どんな感情を持っているのかなど、言葉では直接表現されない内面も、
うかがい知ることができるでしょう。あえて少し周りと距離を置いて、
輪の外に身を置いてみることで、中にいると気づかなかったことも、
ちゃんと判断することができるようになります。それが、キツネのメディスンです。

【処方箋】

【プラスに作用しているとき】

茂みにうまく身を隠すキツネ

敵味方を作らず、適度な距離感で人とつきあうことができます。
あえて目立たないことで、周りの人間関係を正確に把握することもできるでしょう。

【マイナスに作用しているとき】

思惑に振り回され疲れたキツネ

集団の中にいると、思い通りに状況を動かそうとしたり、人を敵と味方に分けたがったり。
様々な思惑に晒されることがありますよね。そんなことに疲れを感じてしまったら、
あなたの心を閉じて、ただ風景の一部として周りを観察してください。
入り込み過ぎずとも、良い距離感でつきあっていく立ち位置が、見えてくるでしょう。

【トーテムに望むなら】

あなたがキツネをトーテムに望むなら、あなたは風景に同化するくらい、
自分を主張することから離れます。
その代わりに、人の本心やパワーバランスを、正確に捉えることができるでしょう。

クマ

さあ、一緒に旅に出ようか？

クマ

心の中を旅して成長する

【解説】

クマのメディスンは、『心の中を旅して成長する』です。

この心の中の旅は、自分の中にしかない答えをみつけるものですが、
クマはそのガイドをする精霊と、インディアンの人たちは考えていました。
冬眠の間、身体を離れて心の国を旅し、
春には新しい自分として再生する成長の姿です。
ガイド役のクマがうまく働いてくれないと、なんでも自分に原因を見出そうとして、
ただ迷路の中をぐるぐる回り続ける悪循環に陥ります。
「答えは自分の中に在る物だけど、原因は常に自分の中だけに在る物ではない」、
ということなんですよ。
外の世界や現象に、自分の答えであるビジョンを求める限り、
本当に求めている物には出会えません。

外で起きることは、常に形を変えて行くけれど、それをどう捉えるかは自分次第です。
そして、捉えた物をどんな形で吸収し反映させるのかは、
自分自身にしかできないことでもあります。
それが答えの部分であり、クマが眠りの中で見つけていく成長の糧です。

【処方箋】

【プラスに作用しているとき】

冬眠ごとに成長を遂げるクマ

自分に原因があることと、外にある問題の要因を分けて考えることができます。
どこに成長すべき点があるのか理解し、より自分らしく成熟していきます。

【マイナスに作用しているとき】

ただ眠るだけで夢をみないクマ

淡々と過ぎる日々に退屈し、希望を見いだせないのなら、
今晩、あなたのクマと旅に出てみませんか？
眠る仕度を整えたら、目をつむってクマを呼んでください。
現れる景色は森であったり、海岸線であったり、荒涼とした砂漠かもしれません。
それが、あなたと、あなたのクマの旅の始まりです。
あなたが、どんな自分を望んでいるのか、何処に向けて旅を続けるのか、
様々なビジョンを見せてくれますよ。あなたのクマと、たくさん対話してくださいね。

【トーテムに望むなら】

あなたがクマをトーテムに望むなら、
クマと一緒に心の中を旅する準備を、整えてくださいね。
旅を続けるほどに、あなたの内面は、豊かに大きく成長していきますよ。

オオカミ

闇を知らないと、明るさには気づかないよね？

オオカミ

正しい道に導く

【解説】

オオカミは群れを作って、森の中で暮らしています。
移動する時も群れ単位で動くのですが、
その時に先頭に立って進んで行く先の安全を確認しながら、
先導していく役割を担うのが、群れのリーダーです。
オオカミのメディスンは、『正しい道に導く』です。

これは、自分も仲間も、という意味になりますが、オオカミのリーダーには、
判断力と観察力、そして、洞察力が揃っていることが求められます。
けして自分の群れを危険に晒さない賢いリーダーを見て、
アメリカインディアンの人は、
「良い道に導くガイド」という姿を感じ取っていたようです。
このオオカミが、「月のイヌ」と呼ばれることがあります。
映画でもおなじみの、月に向かって遠吠えをする姿を思い出して下さい。
暗い夜、森の移動を明るく照らしてくれる月に憧れた、若いリーダーオオカミが、
「そんなふうに群れを導けるように、月になりたい」と、遠吠えで呼び掛けます。
月はひと言、「憧れている？　きみはもう充分に群れを守れているのに。私よりも仲間
を信じなさい」、と答えたそうです。
「見上げるだけで、手が届かないと思うのは、自分をちゃんと理解できていないよ」、
という戒めのお話しにも登場しています。
オオカミは、誰の心にも「善と悪のバランスを計る精霊」、として住んでいます。
善いオオカミを育てるには、自分も周りも喜べることをすること。
逆に、自分を傷つけ人を悲しませれば、悪いオオカミが目を覚まします。
世の中には、ただ善いだけも悪いだけも存在しません。
「悪を知るから、善を求める」どちらもあるのが、当たり前なのです。

【処方箋】

【プラスに作用しているとき】

自分を信じられるオオカミ

リーダーとして、正しい判断を下せます。自分を信じてついてくるものを、
常に気づかい労る包容力を発揮できます。

【マイナスに作用しているとき】

月を見上げるだけのオオカミ

自分にどんな能力があるのか、素直に受け入れるのは難しいですか？
受け入れたとして、能力を生かすことで、あなたが負う責任は重た過ぎますか？
そう考えているなら、あなたが自分を、とても良く理解できている証拠です。
なぜなら、あなたの手が、月に届くことを前提に考えられているからです。
「あなたなら大丈夫」そう背中を押されるのを、待っているだけかもしれません。
うぬぼれや勘違いではなく、自分を認める大切さを知ってくださいね。

【トーテムに望むなら】

あなたがオオカミをトーテムに望むなら、根拠が示せるものには、
しっかりと自信を持ってくださいね。
あなたを信じて後ろをついてくるものを迷わせることがないリーダーとして、
あなたを導いてくれるでしょう。

バッファロー

自分にウソ、ついてない？

バッファロー

誇り

【解説】

インディアンの有名な伝説に、「ホワイトバッファロー」が出てきます。
人が正しく生きることを忘れて、欲に奔って争いを起こすようになったとき、
どこからか女性の姿をした精霊が現れます。
そして、7つの教えを残して去っていくのですが、
去り際に彼女は、白いバッファローに姿を変えます。
彼女が教えと共に残していったといわれるパイプが、今でも保管されているそうです。
こういった伝説もあるくらい、バッファローは特別な存在なんですね。
バッファローのメディスンは、『**誇り**』です。

バッファローの意味する誇りは、
「知恵や経験を自分の力として、勇気を持って正しい道を生きること」。
もし、部族のトップが誇りを失くしてしまったら、
みんなが間違った方向に向かって進むことになってしまいます。
そのためインディアンの長老は、誇りの証としてパイプを持ちます 。
バッファローは、ただ無意味にプライドを高くするということを求めてはいません。
「自分の責任を踏まえて、何をすべきか？」ということを、
きちんと判断するために大切なのが、
『誇り高く生きる』というバッファローのメディスンです。

【処方箋】

【プラスに作用しているとき】

草原に立つ雄々しいバッファロー

知識や経験を生かして、最良の選択をすることができます。
人の信頼に応えることに、喜びを感じることができるでしょう。
人として恥ずかしくない生き方に、大きな価値を見出します。

【マイナスに作用しているとき】

怒りのままに荒れ狂うバッファロー

「一生懸命やっているのに、なんで認められないの？」、
そんなとき、自分に、こんな問いかけをしてみてくださいね。
「経験や知識を、正しく誰かのために使ったか？」、
「思い通りにならないことに、腹を立てたりしなかったか？」、「弱い者を労り助けてきたか？」。
友だちや家族、恋人との関係でも、あなたが本当の誇りを持って自分を生かし、
揺るがない自信を築くことが、心を落ち着ける成長だと、バッファローは教えてくれます。
あなたの長は誰でもなく、あなた自身であることを思い出してくださいね。

【トーテムに望むなら】

あなたがバッファローをトーテムに望むなら、本当に正しい道を歩く覚悟を決めてください。
常に自問自答し、あるべき姿を模作することで、
精神的な成長を促し、人として生まれた意味に辿り着くでしょう。

ライオン

ほんとの強さって、知ってる?

ライオン

力を自覚する

【解説】

大型の肉食獣は、乾いた土地の中で、食物連鎖の頂点に立っています。
他の動物たちにとっては、怖れるべき存在です。

食べる側と、食べられる側という立場に分かれたとき、ほぼ、すべての動物たちは、
食べられる側に立っています。でも、彼等は無駄な殺戮というのは、けして行いません。
自分達が生きるのに必要な分以外に、他の弱い動物の命を奪うことはないんですね。
肉食獣は主にメスが狩りをしますが、
「自分の子どもの命の糧になっている動物たちにも、子どもや家族や仲間がいて、
みんなが生きるために、お互いの存在を必要としていることを知っているから」
とも云われます。

「動物たちは、生きて行くためのサイクルの中に身を置いていることを理解している」
と、インディアンの人たちは考えていました。
ですから、「生きるために必要な糧として、彼らに狩られる立場にある弱い動物たちは、
それを自分の宿命として受け入れる」と云います。
強者であるライオンのメディスンは、『**力を自覚する**』です。

「自分が何をすべきで、何をすべきでないのか、それをわきまえているなら、
幼い動物たちの魂は、この孤高のリーダーに従うだろう」
という言葉で語られているのが、ライオンをはじめとする、
大きな肉食獣たち共通のメディスンの意味なのです。

【処方箋】

【プラスに作用しているとき】

強さと弱さを知る王者ライオン

自分の力や影響力を理解して、何をすべきか正しい判断を下すことができます。
自分よりも弱いものに対して、無闇に威嚇することなく、
目線を合わせて話を聞くことも自然にできるでしょう。

【マイナスに作用しているとき】

誇りをなくし荒んだライオン

「ただ肉食獣がいて、弱い動物がいる」。これは自然界の当たり前な姿でもあります。
でも、私たち人間は、ライオンや肉食獣たちよりも、命を無造作に扱ってはいないでしょうか？
鳥や獣、魚も自分たちの物のように捕獲し、その命のサイクルにまで干渉します。
そこに、一羽、一頭、一尾の命の輝きや、尊厳を感じる感覚すら、失いかけています。
人間同士ですら、他人の尊厳を打ち砕くことに、疑問すら感じない人もいます。
「この世に生まれた命は、すべて美しく尊い」。それを知るのが、頂点に立つ肉食獣たちです。
あなたの命も、大切に愛されるべき、この世に唯一無二の奇跡です。
あなたが真摯に生きるなら、命の大切さを知っている孤高のリーダーは、
あなたの命の重さに敬意を払うことでしょう。

【トーテムに望むなら】

あなたがライオンをトーテムに望むなら、あなた以外のすべての命に、
感謝と敬意を示してください。
強いものほど弱いものに生かされていることを、ライオンは、あなたに教えてくれます。

ゴリラ

一緒にいるって、心地いい？

ゴリラ

誰かと生きる意味

【解説】

たくましい見た目とは裏腹に、繊細でやさしい心を持っています。
動物園で飼育されている個体では、食事をしながら鼻歌を唄ったり、
寒い日に毛布を羽織ったり、
楽しく生きる豊かな内面を見せてくれることもあるそうです。

オスのゴリラは13歳くらいになると、背中の毛が白っぽく変わり、
シルバーバックと呼ばれるようになります。
これは、一人前の成熟した大人の男になった証しです。
その頃から、一夫多妻でオスを中心に群れを作って暮らします。
もともと争いを好まず、みんなが知っている胸を叩くドラミングで警告し、
不用意な戦いを避ける平和主義者です。このオスのドラミングを見て、子どもゴリラは、
オスを慕い尊敬するようになります。
そして、オスは妻であるメスを大切にし、生涯、添い遂げます。
ゴリラのメディスンは、『**誰かと生きる意味**』です。

群れを作り誰かと一緒に生きることで、そこには色々な気持ちが生まれてきます。
どんな関係性であっても、誰かが居てくれることで、
自分が豊かになることを教えてくれます。

【処方箋】

【プラスに作用しているとき】

仲間に学ぶ素直なゴリラ

家族や友だち、上司や部下。肩書きや関係にこだわらず、
自分に足りていないものを相手から吸収できます。尊大に振る舞うことなく、
敬意を持って人に接することが、自然にできるでしょう。

【マイナスに作用しているとき】

自分の伝え方が分からず孤立するゴリラ

もし、あなたが家族や恋人、親友など、近く親しい人と上手く行かないと感じているなら、
ゴリラたちを思い出してくださいね。ゴリラたちのコミュニティが平和なのは、
相手を尊敬したり、尊重する気持ちを忘れないからです。
ただ、私たち人間は、誰かひとりが身勝手なことを言い出したり、
自分の思い通りに相手を服従させようとしてしまいます。
そんなとき、戦いを挑んでも、お互いに傷を負い、ときには関係を断つことにもなりかねません。
この上手く行かない状況も、戦わなければ、お互いを分かりあい、関係を豊かにするチャンスになります。落ち着いて話せる相手なら、勇気を出して向き合ってくださいね。

【トーテムに望むなら】

あなたがゴリラをトーテムに望むなら、
肩書きや立場で相手を判断する気持ちを捨ててくださいね。
ゴリラは、あなたに相手の本質を見極める目と、良いところを尊ぶ心を与えてくれるでしょう。

トラ

ひとりで頑張りすぎると、疲れちゃうよ？

トラ

 ## 寄り添う生き方

【解説】

トラの生息域は、広く暖かいインドから、寒さが厳しいロシアに渡ります。
トラは、オスもメスも一頭で縄張りを守って暮らし、メスが単身で子育てをします。
子どもを連れたメスが、子どもの父親以外のオスに見つかると、
発情を促すために子どもを殺されてしまうことが、
長年の間、トラの生態とされてきました。

ところが近年、ロシアのアムールトラは、オスも含めた家族で行動したり、
他のオスによる子殺しをしないことが発見されました。
このトラたちが棲むアムール川の流域は、豊かな森が広がる土地ですが、
冬はかなり寒く厳しい環境に変わります。
この環境がトラの本来の生態である、
「単独で生き、自分の子孫を残すことを優先する生き方から、
縄張りの共有部分でも争いを避け、群れなくとも寄り添って生きる形に、
変化を起こしたのでは？」、と言われています。

トラのメディスン、**『寄り添う生き方』**は、
私たち、現代の人間が一番忘れ易いものかもしれませんね。

【処方箋】

【プラスに作用しているとき】

共存する意味を知るトラ

今までのやり方や古い慣習にこだわらず、今、何を選び行動に移すのか、
前向きに考え判断できます。
目先のことにとらわれず、長い目で物事を見ることができます。

【マイナスに作用しているとき】

独りで頑張り過ぎて寂しいトラ

独りで頑張っていて、何となく寂しさを感じるのなら、視線を外に向けてみてくださいね。
毎日のように顔を合わせ、挨拶を交わす人が、何人か思い浮かびましたか？　確かに生活は、
みんなそれぞれ独立した形を持っています。もちろん、あなたも例外ではありません。
自分の脚で立てているからこそ、寂しさや辛さを感じられるのです。
先ほど思い浮かんだ人たちも、あなたと同じ気持ちを感じないわけではないんですよ。
この気持ちを感じているなら、必ず分かち合える人たちに出会います。
心の窓を少し開いて、まずは、あなたをすでに知ってくれている人、
これから知ってくれる人に、気持ちを向けてくださいね。

【トーテムに望むなら】

あなたがトラをトーテムに望むなら、自信を持って、あなたのテリトリーに、
誰かを迎え入れてください。それは、あなたの世界を豊かにすると同時に、
力を持ち寄り成長することを促してくれます。

オランウータン

ひとりが心地いいのは、誰かがいてくれるからだよ。

オランウータン

自立する心

【解説】

オランウータンは、子育ての期間以外は単独で行動します。
幼い子ども同士や若者同士は、一緒に遊んだり、交流することもあります。
大人になるに連れて、仲間を避けるようになり、
木の上で、単身で暮らすようになります。
コミュニケーション能力が低いわけではなく、
自分の周りの仲間の位置は把握していて、
あえてお互いに干渉しない生き方を選んでいます。
オランウータンのメディスンは、『**自立する心**』です。

仲間がいないわけではなく、個々をお互いが尊重する生き方です。
独りで生きていくのは、野生の世界では危険にも思えますが、
俊敏に動くことが苦手な彼らにとって、
群れる方がお互いを危険に晒すと考えたのかもしれません。
「独りで生きることが、仲間を守ること」。
「孤高に生きる森の仙人」と呼ばれる由縁は、容姿ではなくて、
その精神性から人間が得たビジョンそのものといえるでしょう。

本当に独りの世界を楽しむことができるなら、大切な世界の基盤を守る。
これが、オランウータンのメディスンです。

【処方箋】

【プラスに作用しているとき】

独りの世界から広い世界を考えるオランウータン

揺るがない自分の世界を持ちながら、バランス良く人とも関わります。
自分とは違う価値観も、良いものであるなら柔軟に取り込み、知恵に変えていきます。
常に知的な好奇心を失うことはありません。

【マイナスに作用しているとき】

孤独を持て余すオランウータン

人と一緒にいるよりも、ある程度の距離を保ったり、独りでいる方が楽だと感じるなら、
それはなにも、おかしなことではありません。
あなたは、あなたで自立した心を持ち、相手を尊重できる感覚を持っているからです。
でもそれは、あなたが自分の生活を、自分の力で賄えてこその、
すばらしいバランス感覚であって、ただ世を疎ましく思うこととは違います。
今の立ち位置から外の世界を眺めて、あなたらしく関わる方法を見つけてくださいね。

【トーテムに望むなら】

あなたがオランウータンをトーテムに望むなら、時代に乗り遅れることや、
横並びで得る安心感から離れてくださいね。
あなたが考える、あなたが満足する生き方を促してくれますよ。

ゾウ

豊かさって、な〜んだ？

ゾウ

豊かな心

【解説】

ゾウたちは、お母さんと子どもたちで作られた群れと、
オスだけの群れに分かれて暮らします。
オスは群れには入らず、単独で生活するものもいます。
目はあまり良くありませんが、音や声を聞き分ける優れた力を持っています。
仲間同士、人には聞き取れない低周波で会話し、脚の裏で振動を感じ取り、
10キロ離れてもコミュニケーションが取れるそうです。
暮らしの中で、助け合うことや仲間を慈しむ、
ゾウのメディスンである、『豊かな心』を見せてくれます。

野生のゾウたちは仲間が亡くなると、
別れを惜しむように亡骸をかこんで鼻でなでたり、脚で触れてみたりするそうです。
自分の子どもではなくても、群れの子どもには同じように愛情を注ぎ、
人や他の動物に傷つけられた仲間を庇い、相手に復讐することもあります。

私たちと言葉や暮らしは違いますが、やさしさ、愛情、怒り、悲しみ、たくさんの感情と、
支えあって暮らす、豊かな心を持った、誇り高い命です。

【処方箋】

【プラスに作用しているとき】

仲間と自分を信頼できているゾウ

あなたを囲む人たちと、喜びや悲しみを分かち合うことが、自然に起きているでしょう。
ひとりではないことが幸せだと、実感できています。

【マイナスに作用しているとき】

自信をなくして怯えているゾウ

「誰かと関わることに疲れてしまって、自分に閉じこもりたい」。
そんなとき、あなたを取り巻く人たちにも、あなたが心を閉ざした寂しさは伝わります。
あなたが閉じてしまいたいのは、「傷つけあうことを避けたい、やさしさの裏返しだよ」と、
ゾウは教えてくれます。
オスのゾウが、ときには群れから距離を置くように、少しの間、ひとりで自分を回復してから、
あなたの中にある友だちや家族、恋人を大切に思う気持ちを、
素直に伝えることを促しています。

【トーテムに望むなら】

あなたがゾウをトーテムに望むなら、分かち合うことで、より豊かな心を求めているときです。
そして、まずはあなたから伝えること、
豊かな気持ちを分け与えることを促す成長のときを伝えています。

キリン

やさしさって、なに？

キリン

やさしさを持って生きる

【解説】

キリンたちには、頭に小さな角があります。
他の動物たちと違って生まれてくるときには、すでに生えています。

実は、ここに男の子と女の子の違いがあるんですよ。
女の子の角は先がツルっとしていますが、男の子は先に柔らかい毛が生えています。
男の子キリンは、大人になってから、好きな女の子にプロポーズするとき、
首を女の子の身体に寄せて気持ちを伝えます。
ライバルがいれば、男の子同士、首をぶつけあって戦います。
そのときに、相手を傷つけないように、
男の子は角の先にクッションとしての毛を持っているのでした。
そんなキリンのメディスンは、『**やさしさを持って生きる**』です。

赤ちゃんを生んだお母さんたちは、生後二週間くらいになると、
子どもを連れて集まります。人間でいう保育園を作るんですよ。
交代に子どもを見ながら、ゴハンを食べたり休養を取ります。
キリンが私たちに教えてくれるのは、
「相手の身になって考える、やさしさのある生き方」なんですね。

【処方箋】

【プラスに作用しているとき】

群れの暮らしを楽しめているキリン

キリンのメディスンが上手く働いているなら、誰かの好意を素直に受け取り、
あなたからも、やさしさで返す良い循環がおきてきます。
人と関わるからこそ知る、温かさを自然に感じられるでしょう。

【マイナスに作用しているとき】

仲間と距離を置きたいキリン

誰かとの関係がスムースにいかないとき、キリンは仲間と距離を置こうとするでしょう。
「自分が必要とされてるの？」、「みんなの役に立ててる？」、
こんな不安に支配されてしまうから。そんなとき、
一歩引いて相手の気持ちを素直に感じてみると、何を求められていて、
どう接すれば良いのか見えてきますよ。人に対して不安を感じるとき、
自分から近づいて行くのは怖いものですが、それは、誰もがみんな同じに感じるもの。
あなたが今までもらった安心感を、思い出してくださいね。
今度は、あなたが誰かに手渡す番ですよ。

【トーテムに望むなら】

あなたがキリンをトーテムに望むなら、自分の役割を果たすことで、
より良い自分の成長を望むときです。どんなに小さなことでも、みんなのために、
あなたができることを探してください。あなたのやさしさを、行動で示してくださいね。

タヌキ

大切な人の顔、思い浮かべてみて？

タヌキ

まっすぐな愛情

【解説】

タヌキはもともと、極東だけに棲息していました。
ロシア人がヨーロッパに持ち込んだことで、今はドイツなどでも暮らしているそうです。

「タヌキ寝入り」という言葉がありますが、あれは猟師の鉄砲の音に驚いて、
気絶しちゃった状態なんだそうです。
それが、まるで魂が抜けたように見えたので、タマヌキ→タヌキになったとか。
お互いに気の小さいカップルなのですが、配偶者への愛情は一途です。
もし、相手が罠にかかれば、心配してそばをはなれないそうです。
彼らは生涯、同じ相手と暮らします。
そんなタヌキのメディスンは、『**まっすぐな愛情**』です。

お互いを信頼し必要としあうことで、厳しい環境でも生き抜いていきます。

【処方箋】

【プラスに作用しているとき】

平和に暮らしているタヌキ

友だちや恋人に限らず、仕事で協力し合う関係も、
「お互いが何を求めているか？」、「自分が何をするべきか？」が、自然に噛み合ってきます。
ひとりでは難しいことにも、誰かと一緒だからこそ、
チャレンジする勇気を感じることができますよ。

【マイナスに作用しているとき】

関係に波風を立てるタヌキ

どんな関係でも、相手を大切に思えばこそ、「こんな私に、満足してくれてるの？」、
「やっぱり、オレじゃダメなのか？」、こんな気持ちに、追い込まれてしまうことがあります。
あなたのパートナーが、この罠にかかってしまったなら、黙って寄り添ってあげることが、
罠から助ける方法とタヌキは教えてくれています。
もし、あなた自身がこの罠に嵌まっているなら、不安を猜疑心に変えないように、
素直にパートナーに助けを求めてくださいね。

【トーテムに望むなら】

あなたがタヌキをトーテムに望むなら、まず自分の弱さを受け入れてくださいね。
弱いからこそ、誰かと力を合わせることに、生きる喜びを感じる成長を促しているときです。

カバ

自分のこと、好き？

カバ

真の強さ

【解説】

カバは、アフリカの水辺に一夫多妻の群で暮らしています。
この群を率いているオスは、自分の縄張りを厳密に守り通します。
もともと肉食ではないので、狩りのために戦いをしかけることはありません。
ただ、縄張りを侵す侵入者に対してのみ、その力を見せます。
ライオンの頭を噛み砕き、ワニを真っ二つに噛みきるだけの高い戦闘能力です。

アフリカで人間が野生動物に襲われるのも、
カバの縄張りを侵して事故になるケースが、最も多いそうです。
自分の縄張りの中で、ワニがカバ以外の草食獣を襲うことも許さず、
間に割って入ってワニを撃退することもあるそうです。
家族の身の回りの危険は、見逃さないんですね。
そんなカバのメディスンは、『真の強さ』です。

インディアンの戦士、「ウォーリアー」は、無駄な殺戮はしません。
部族を守り、大切なものを守るために、戦士として誇り高く生きていきます。
カバの生き方は、この、『ウォーリアーの誇り』そのものなのかもです。

【処方箋】

【プラスに作用しているとき】

落ち着いて周りを見るカバ

あなたは自分を正しく評価できています。
自分自身を認めるからこそ、周りも、あなたを尊重してくれるでしょう。
あなたも素直な目で、周りを見ることができますよ。

【マイナスに作用しているとき】

力を見せつけるために暴走するカバ

傷つきたくない気持ちから、強がってしまったり、攻撃的に人に接してしまうとき、
本来の自分を忘れて暴走しています。
カバたちが縄張りを守るために戦うように、あなたが大切に思えるもの、
誇れるものを思い出してくださいね。
それは、あなた自身です。無闇に戦いをしかけることが、誇りを守ることにはなりません。
「譲れないものを相手に分からせることが、真の戦いの意味だよ」と、カバは教えてくれます。
勝ち負けからは、得られるものはありません。

【トーテムに望むなら】

あなたがカバをトーテムに望むなら、まず等身大の自分を受け入れてくださいね。
もし受け入れ難いと感じたなら、逆にカバが、あなたを望んでいます。
少しずつでも、あなたが誇るべき魂であることを、カバと一緒に思い出していく時期に、
差し掛かっています。

シマウマ

個性って、どんなこと？

シマウマ

自分の脚で立つ

【解説】

シマウマの縞模様は、天敵の目を欺くためでもあるようですが、
体表に微妙な温度差を生み出して、体温調節をする役割もあるそうです。
歳を重ねるごとに気性が荒くなり、人が慣らしていくのは難しく、
調教が成功することも稀だそうです。

野生では、ライオンとも戦う勇敢さを持ち、後ろ脚の蹴りで、
相手の顎を砕いて撃退します。
ひとつの群れにこだわることなく、色々な群れに出入りしますが、
恋人を巡る争い以外には、仲間同士でケンカはしません。
ただ、この恋人争奪戦は真剣で、怪我を負うくらい熾烈になります。
強いオスが子孫を残せるのは、種を守る大切なことなんですね。
そんなシマウマのメディスンは、『**自分の脚で立つ**』です。

厳しい環境の中では、ひとりひとりが自力で立ててこそ、
命をつなぐことができることを教えてくれます。

ごく少数ですが、ロバとの間に赤ちゃんが生まれた例があります。
人が無理に交配させたわけではなく、自由恋愛の末に誕生しました。
ロバとシマウマは、共通の遺伝子をほぼ持たないので、
赤ちゃんか授かるのはミラクルなこと。
これもまた、シマウマの独自性の表れかもしれませんね。

【処方箋】

【プラスに作用しているとき】

自分の脚で立ち動いているシマウマ

周りに流されず、自分で考えて判断することが、当たり前にできています。
みんな違って当たり前と、色々な価値観を自然に受け入れられるでしょう。
誰かの顔色を伺わず、無理なく自己主張できます。

【マイナスに作用しているとき】

脚を傷めて身動きが取れないシマウマ

あなたが周りに合わせ過ぎて、無理な選択をつづけ疲れてしまうと、
疲れが溜まったシマウマは、脚を傷めてしまうでしょう。
目立たないことで身を守るのも方法ですが、それが、あなたに合っているなら、
苦しくなることはないはずです。
でも、自分の脚で立ち、その脚で望む場所に行くことを、誰よりもあなたが求めていると、
シマウマは教えてくれています。
否定されることを恐れるより、偽らない自分を、自信を持って示してくださいね。

【トーテムに望むなら】

あなたがシマウマをトーテムに望むなら、自分の道を歩み始めるように促されています。
今まで周りを気にして、できなかったことを始めるときです。
過去を振り返らず、前を向いてくださいね。

フクロウ

本当のことって、何だろう？

フクロウ

心の目を開く

【解説】

世界の色々な地域に棲んでいますが、国が違っても、
フクロウに神秘的なものを人間が感じることは、変わらないようです。
ときには魔女に代わって見えない物を感知し、また場所が変われば、
神さまとして敬われます。
知恵のシンボルとしても使われています。

これは、フクロウが鳥なのに、夜行性で周囲の様子を敏感に捉えることに、
不思議な力を見出だしたからと考えられます。
そんなフクロウのメディスンは、『心の目を開く』です。

普段から目で見ているだけでは、ただ景色を映しているだけで終わってしまいます。
心の目を開いたら、自分の感覚の全てをフル活用して、
人や物事の本質に触れることができるでしょう。

フクロウは、それが不思議なことでも、特別な力でもないことを教えています。

【処方箋】

【プラスに作用しているとき】

落ち着いて判断するフクロウ

フクロウのメディスンが働いているとき、知識を正しく使うことができています。
学んだことを知恵として生かし、いつどこで、何に使うのかを間違うことはありません。
あなたの心の目が開かれて、問題に突き当たっても、解決法を見出だしていかれます。

【マイナスに作用しているとき】

考え過ぎて飛び方を忘れたフクロウ

頭でっかちになっているとき、フクロウは目を閉じて動きを止めてしまいます。
たくさんの知識をもて余して、使い方が分からないまま考え続けても、
そこには発見も閃きもありません。
「感覚を研ぎ澄ませることが、自由に創造したり、自分の心の世界をより豊かにするよ」と、
フクロウは教えています。
心の目を開いて、あなたの周りで起きることを、感じてみましょう。
考えても分からなかったことが、感じるものの中にあると気づけるでしょう。

【トーテムに望むなら】

あなたがフクロウをトーテムに望むなら、一度、あなたの価値観を壊してみましょう。
肉体の目で見たことにとらわれず、感じたことを心に映すことで、
物事の本質に触れるようにと促されています。

カラス

感じる力、使ってる？

カラス

兆しを受け取る

【解説】

カラスは洋の東西を問わず、不吉なイメージで捉えられることが多い、
ちょっと可哀想な存在です。
この良くないイメージの元になるのが、「カラスが集まると不幸がある」、
というジンクスです。

実際、お墓に行けば、カラスは当たり前のように、私たちを出迎えてくれますよね。
これは不幸の使者だからではなくて、彼らが物事の法則を理解しているからなんです。
お墓参りに来る人が、お供え物を持ってくることを知っているんですね。

他にも、車が踏めばクルミは割れることを学習する、とてもアタマがいい鳥なんです。
カラスのこういった洞察力や学習能力に、インディアンの人たちは気づきました。
カラスの行動から、何かの兆しを読み取り危険を回避したり、
食べ物がある場所を見つけたりします。
そして、自分たちの行動にも、
成功や失敗を左右するパターンがあることに思い至りました。
カラスのメディスンは、『**兆しを受け取る**』です。

「自分の中にある兆し、自分の外で起きてくる兆し」。
両方に目を向けることで、生きる知恵に変えることを教えています。

【処方箋】

【プラスに作用しているとき】

あるがままを見るカラス

　無意識に良い選択をすることができます。頭で考えなくても、
身体で覚えているパターンや兆しを感じ取れる状態です。
欲や目先のことに惑わされず、正しいことを選択できるでしょう。

【マイナスに作用しているとき】

勘に頼って物を見誤るカラス

同じトラブルを繰り返したり、いつも望まない結果ばかり。
あなたが、そんなループにはまってしまうとき、必ず、そこに至るパターンも存在します。
カラスは、このパターンが起きる前兆を体験から知っています。
悪いループを断ち切るために、前兆を正しく見極めてください。
それは勘に頼ることではなく、「あなたが正しいと知っていることを選ぶ」ただ、それだけです。
良い循環も同じく、起きるパターンと前兆があります。
欲や焦りを捨てて、より良い兆しを受け取ってください。

【トーテムに望むなら】

あなたがカラスをトーテムに望むなら、まず先入観を捨ててくださいね。
あなたの良心に従うことで、　良い兆しを受け取り、成長するときを迎えています。
欲や見栄に惑わされない、シンプルな生き方を促しています。

カメ

自分に、ふりまわされてない？

カメ

ぶれない心

【解説】

カメには、陸に棲むものと、海に暮らすものと、二つの違う生き方があります。
むかし、インディアンの人たちは陸のカメを見て、しっかり足を踏ん張る姿に、
「たくさんの命を育む大地から、誰よりも学んだ賢者」のビジョンを得たんですね。
これはウミガメも同じで、広い海を旅しながら、
身体のすべてで命の意味を学び、甲羅に刻み込みます。

カメは自分の本来の生き方を見据えている限り、
ひっくり返って起きられなくなることはありません。
ウミガメも命懸けの産卵以外で、危険に晒される陸には上がりません。
そんなカメのメディスンは、『**ぶれない心**』です。

私たちが何か無理を続けるとき、頑張っているようでいて、
「本当は、大切な物を見失っているんじゃない？」、
「ひっくり返って、自分で起きられなくなってない？」、
そんなふうに問いかけてくれます。

ぶれない心は、「意地を張ったり、執着することではない」、
そんなことに気づかせてくれます。

【処方箋】

【プラスに作用しているとき】

地面に脚をつけ、水中を自由に動くカメ

一面だけにとらわれず、色々な角度から深く物事を見ることができます。
知識や経験を生活に生かし、さらに良くなるように、日々を楽しむことができます。

【マイナスに作用しているとき】

自分を忘れひっくり返ったカメ

もし、あなたが何かを追い求めていて、辛く息苦しさを感じるなら、
それは、信念がない執着になっているかもしれません。カメがひっくり返った状態です。
そこに、あなたが譲れない信念を持てたら、それを支えに起き上がることができますよ。
信念になるのは、求めているものをどんなふうに大切にしたいかです。
それを見つけたとき、失うことへの怖れよりも、どうしたら良い状況になれるのか、
無理をせずに考えていくことができるでしょう。

【トーテムに望むなら】

あなたがカメをトーテムに望むなら、あなたの中に信念があるか、確認してみてくださいね。
すでにあるなら、それが、頑なさになってはいないか見直してみましょう。
もし、見つけられなかったなら、あなたの芯になるものを、カメは一緒に築いてくれます。
地に足がついた生き方を、促されているときです。

サイ

きみは、なにから生まれてきたの?

サイ

金は命を生まない

【解説】

アフリカやアジアの温かい地域に棲んでいます。
ゾウと同じく、角を目当てにした密猟者の犠牲になり、絶滅が危惧されています。
身体は大きいですが草食で、恋の季節以外はケンカも少なく、
他の動物に自ら挑むことも、命の危険がなければ、ほとんど見られないそうです。
私たち人間が、欲望を満たすために彼らに近づかなければ、
絶滅の危機に晒されることもなかったでしょう。

生きるために殺して食べるためでもなく、寒さをしのぐ毛皮をもらうためでもなく、
ただ、彼らの身体の一部でしかない角をお金に代えるために、命を奪ってきました。
それでもサイたちは、何も変わらず穏やかに暮らしています。
サイの角は同じ重さか、それ以上の金と取引されてきたそうです。
サイの命がひとつ消えても、金はサイを生むことはありません。
サイは声を上げることもなく、私たちが歪んだ価値観にいつ気づくのか、
静かに見つめています。
サイのメディスンは、『**金は命を生まない**』です。

私たちがハンティングに出かけて、実際に動物を射つことはありませんよね？
ではなぜ、今、サイのメディスンが示されるのか。
それは、「今の世の中の仕組みに、呑まれてはいないか」、という警鐘です。
貧富で人を判断したり、人の気持ちを金額や物の値段に換算したり。
「お金の価値と等価にはなりえない、かけがえのない物を思い出すように」と。
そう、サイは静かにメッセージを送り続けているのです。

【処方箋】

【プラスに作用しているとき】

自分らしく暮らしているサイ

必要以上に物やお金を欲しがらず、身の丈に合った暮らしを選びます。
何に価値を見出だすのか、正しい判断を下すことができます。

【マイナスに作用しているとき】

命の価値を見失ったサイ

毎日が退屈に感じたり、刺激を求めて自分を傷つけてしまうとき、
サイは、「それは自分を危険に晒すことだよ」、と教えてくれます。
サイは、あなたの命に価値があることと同じに、私たちが生きるために、日々、
当たり前に奪っている命にも、同じ重さがあることを教えています。どんなにお金を積んでも、
失った命を取り戻すことはできません。あなたには、何よりも価値があり、
同じ価値あるものに支えられて生きていることを、思い出してください。
限りある命の時間を退屈に過ごすことは、たくさんの命を無駄にしてしまうことでもあります。
あなたが生きている実感を持てることを、探してみてくださいね。

【トーテムに望むなら】

あなたがサイをトーテムに望むなら、今の自分に大切なものは何かを確かめてくださいね。
サイはお金には代えられないものに、価値を見出だす生き方を促します。
あくまでも価値観なので、お金を否定はしていません。お金や物に偏らない心を求めています。

パンダ

みんなと違うって、悪いこと？

パンダ

それぞれに合った暮らし方

【解説】

白黒の目立つ身体をしていますが、これは遠くからでも、自分はここにいるよって、相手に伝えるためと考えられています。パンダには、「好み」がハッキリあるのですが、同じコミュニティの中で争いが起きないように、
相手と程よく距離を保つためなんですね。普段は単独で暮らしていますが、
恋の季節には、好みの異性との出会いを求めて、ナンパしたりするようです。
自分の好きなタイプを妥協しないので、
恋愛に至らず繁殖の機会を逃すこともあるそうです。
人の来なかった山奥で、独自の国を作って暮らしてきた、ひとつの独立した種族ですね。
パンダのメディスンは、『それぞれに合った暮らし方』です。

パンダの数が減少したのは、人間に発見されてからでした。
人が干渉するようになっても、彼らが変わることはありません。
「こうでなくてはいけない！」、「こうするべき！」、
こんな考えはパンダの世界には通用しません。

彼らの生き方を認め、尊重するしか仲良くやっていく術はありません。

【処方箋】

【プラスに作用しているとき】

竹林でくつろぐパンダ

周りに流されず、自分にとって快適な生き方を選びます。
人との距離感を保ち、上手くつきあうことができます。

【マイナスに作用しているとき】

仲良くなれない仲間に苦しむパンダ

もし、あなたが人間関係に行き詰まっているなら、あなたの前にいるのは大きなパンダかも。
いくら正論を説いても、通じないのが当たり前な相手です。
でも、そう感じるのは、今、あなたの中のパンダが、目を覚ましていないから。
あなたの中に棲んでいる、パンダの存在に気づいていなければ、相手を型にはめたり、
こうあるべきという言葉で、自分を縛ってしまいます。
それに気づかなければ、摩擦が起きるのは仕方ないですよね?
あなたのパンダが動き始めたら、相手がなぜ言うことを聞いてくれないのか、
きっと理解できるでしょう。相手を尊重する気持ちで、距離感をはかってくださいね。

【トーテムに望むなら】

あなたがパンダをトーテムに望むなら、あなたを縛るものはなにかを見極めてくださいね。
パンダは縛るものから、人を遠ざける生き方を促します。
縛られない代わりに、自立を求められる成長のかたちです。

サケ

きみの心が帰る場所は、どこ？

サケ

原点に帰る

【解説】

サケは産卵のために、海から川を遡り故郷を目指します。
生まれた場所から海へと旅立ち、成長した姿で里帰りする姿から、
インディアンの人たちは、
自分を産み育んでくれたお母さんのお腹に帰るビジョンを得ました。
産卵を終えたサケは、力尽きてしまいますが、
「母なる川で新しい命を得て再生する」と云われます。
サケのメディスンは、『**原点に帰る**』です。

忙しい日々の中で沢山の人に囲まれて、知らない間に忘れてしまう自分の原点。
ただ流されてしまわずに、記憶の川を遡って、あなただけしか知らない、あなたを産み、
育ててくれた風景を思い出してくださいね。
あなたの母なる川が、再生する力を取り戻すために、やさしく抱き止めてくれます。

サケのメディスンには、
「原点であるお母さんのお腹に戻って、生まれ直す」という意味があります。
生まれ変わりではなく、「生まれ直し」です。
これは、インディアンの人たちには、色々な場面で出でくる考え方で、
今の自分のまま、余計な物を削ぎ落として、新しい自分で再生します。

【処方箋】

【プラスに作用しているとき】

故郷の川を目指して海を泳ぐサケ

行き着きたいゴールを、ちゃんと見据えています。
初心を忘れず、今、自分が何をすれば良いのか、はっきりと意識できるでしょう。

【マイナスに作用しているとき】

帰る場所を忘れて海をさまようサケ

子どものころ思い描いていた未来と、今、あなたが見ている景色は、重なっていますか?
それとも、そんなことは、もう忘れてしまったでしょうか?
遠く離れて時間が経って、風景が変わってしまっても、あなたの中には、
変わることがない、あなたの原点である故郷が生きています。
毎日を生きていくのは、それだけでも大変ですよね。少し今の自分に疲れてしまったなら、
川を遡り原点に帰ってみてください。
そこで、今のあなたのまま、新しい自分として、生まれ直しましょう。
この生まれ直しは、あなたのイメージの中で、いつでもどこでも可能なんですよ。
あなたの心の原点に、里帰りしてみてくださいね。

【トーテムに望むなら】

あなたがサケをトーテムに望むなら、幼いころの自分を心に迎え入れてください。
そこから更に記憶にはない、お母さんのお腹の中へと戻ります。いつでも、どんな時でも、
素直なあなたで生まれ直すために、サケは一緒に川を上ってくれるでしょう。

ウサギ

笑ってあいさつ、できてる?

ウサギ

不安を形にするのは自分

【解説】

ウサギは大きな耳で、周りの様子に気を配ります。
力が弱く戦う術を持たない彼らにとって、音は身を守る大切な情報源です。
でも、臆病なウサギは、危険を感じる音や声にパニックを起こして、
闇雲に走り出してしまうこともあります。
この様子をインディアンの人たちは、
「まだ何も起きていないのに、ウサギは自分から危険を呼び寄せている」と考えました。
ウサギのメディスンは、『**不安を形にするのは自分**』です。

むかし、ウサギのことが大好きな、火の魔女がいました。
いつもウサギを気にかけて、おいしい食べ物を分けてあげたり、
きれいな花が咲く草原に連れていってあげたり、見返りを求めず大切につきあいます。
ある日、火の魔女は、新鮮な果物を持ってウサギに会いにいきました。
すると、ウサギは巣穴から顔も出さずに、
「何が目的なの？ ボクを太らせて食べるつもり？」と、不安な声で訊ねます。
逆に火の魔女は訊き返しました。
「今まで仲良くしてたのに、私のことを信じてはくれないの？」。
ウサギは、「だって理由もないのに、親切にしてくれるなんておかしいよ！」
と答えます。火の魔女は、「私はあなたを大切な友だちと思ってたよ。
あなたにとっては、友だちでもなんでもなかったんだね。」そう言い終わると、
ウサギに一生怯えて暮らす呪いをかけて去っていきます。
ウサギは必死に謝りましたが、二度と火の魔女に会えることはありませんでした。
この昔ばなしが教えてくれるのが、
まさに「不安を自分で形に変えてしまう」、ウサギの弱さです。

【処方箋】

【プラスに作用しているとき】

素直に不安を伝えるウサギ

背伸びをしたり、強がったりせずに、自分の弱さを相手に伝えることができます。
誤解されることなく、必要な手助けを受けることができるでしょう。

【マイナスに作用しているとき】

不安を撒き散らして危険に陥るウサギ

不安は、あなたから穏やかな笑顔を奪い、自分が傷つかないように、
相手を遠ざけてしまうでしょう。不安は誰しも同じに感じるものです。
あなたを不安にさせているその人だって、例外ではありません。
「自分がどう思われるのか」、「嫌われたりしていないか」、あなたと同じ不安を感じます。
先に握手の手を差し出す勇気が、お互いのウサギを落ち着かせてくれますよ。
ウサギの不安が強く出てくると、友だちとも、等身大の自分でつきあえず無理を重ねたり、
イヤと言えずに言いなりになってしまったり、自分を素直に出せなくなり、
それが更なる不安を呼んでしまいます。自分を過小評価しないことが、
あなたの中のウサギを穏やかにさせておく、いちばんのお薬です。

【トーテムに望むなら】

あなたがウサギをトーテムに望むなら、バカにされまいとする気持ちや、
嫌われたくない思いを手放してくださいね。
あなたが自信を持てないことを素直に伝えられるなら、ウサギは、
本当の自信は何かを教えてくれる仲間を呼んでくれますよ。

ムース

夢中になれるものは、なに?

ムース

本物の誇りを持つ生き方

【解説】

立派な角を持つムースのオスは、自分の妻たちで構成するハーレムを作ります。
オス同士は力比べを繰り返し、本当に力のある者、沢山のメスを守れる者が、
ハーレムを持つことができます。
ただ、たくさんのメスを集めることが、彼らが示す誇りではありません。
「自分が守るべき物があり、守りきることこそが、真に誇るべき生き方」だと、
インディアンの人たちは、ムースから学びました。

逆に、「誰も、何も大切な物を持たない者は、真の誇りを知ることはない」、
ということでもあります。
愛する人がいて、守りたいと願う物があるなら、
そこには、あなたが誇るべき、あなたの生き方が用意されています。
そんなムースのメディスンは、**『本物の誇りを持つ生き方』**です。

【処方箋】

【プラスに作用しているとき】

堂々と群れを率いるムース

好きなこと、やりたいことを、妥協せずにやり遂げられます。
家族や友だち、恋人を、自分と同じ様に大切にします。
それは、自分を犠牲にせず、大切なものを守り、共に生きる強い愛情の表れです。

【マイナスに作用しているとき】

守るべきものを持たない、孤独なムース

誇りにつながる守るべき物は、人それぞれ違っていて当たり前です。
一緒に暮らす命たち、大好きなアイドル、長く続けている鉄道マニア。
大切なのは、あなたの中に、「そこまで自分を傾けられる物があるのか？」、なんです。
大切な物を知っている人は、それを汚すことを善し、としませんよね？
それが、ムースが教える本物の誇りであり、
それを守ることが自分らしく、善く生きることにつながります。
あなたに大好きな人がいて、熱中できるものがあるなら、そんなあなたを誇ってくださいね。

【トーテムに望むなら】

あなたがムースをトーテムに望むなら、何かの為に命を掛けるのは止めてくださいね。
ムースは、大切なものを守るために生き、生きるために守ります。
そこに喜びがあることを、ムースは、あなたに惜しみなく伝えてくれるでしょう。

コヨーテ

無駄に、力んでない？

コヨーテ

笑いと好奇心

【解説】

インディアンの昔ばなしによく登場する、愛嬌のあるコヨーテです。
その中では、間抜けな役回りが多いのですが、
常にユーモアの象徴として描かれています。

ある日、森の仲間を驚かせようと、落とし穴を掘ります。
出来上がりが、ほれぼれするほど素晴らしかったので、
自分でどうしても落ちてみたくて、試してしまいます。
確かに素晴らしい落とし穴なので、出られなくなって助けを呼び、
森中の笑い者になりました。
こんな愛すべき、おバカさんのイメージです。
「どんなにシリアスな場面でも、深刻になり過ぎれば、
人の心には闇が忍び込み、争いに発展する」とインディアンの人たちは考えていました。
いわば、「場を和ませる道化師」が、コヨーテというわけです。

実際のコヨーテは、好奇心が旺盛で、他の動物にも興味を示します。
そんな姿から、昔ばなしでは、
トカゲやハクチョウ、ドラゴンにまでちょっかいを出しては、
言いっぱなし、やりっ放しで去って行きます。

でも、コヨーテの好奇心のおかげで、からまれた仲間たちは、
「自分では気づかなかったことに、目を向ける」という結果につながるのでした。
そんなコヨーテのメディスンは、『**笑いと好奇心**』です。

【処方箋】

【プラスに作用しているとき】

ワクワクが抑えられないコヨーテ

見るもの聞くもの、色々なものに興味をひかれます。
みんなにとっては、どうでも良いことも見過ごさず、
楽しむ材料として自分に取り込んでいきます。
どんな場面でも、楽しむ気持ちをなくしません。

【マイナスに作用しているとき】

好奇心から危険に近寄るコヨーテ

とにかく気になり出したら、確かめずにはいられないのがコヨーテです。
それだけにリスクがあることも、ときには度外視してしまいます。
無茶な冒険や無計画な行動は、どんなにワクワクすることでも立ち止まって、
一旦考えてから動いてくださいね。
一度転べば痛さを理解して、違うアプローチを試みるのも、
めげないコヨーテならではですが、大怪我につながらないように、
衝動的に大胆な動きはしないよう、肝に命じておきましょう。

【トーテムに望むなら】

あなたがコヨーテをトーテムに望むなら、ワクワクしたりドキドキすることを、
恥ずかしいと思わないでくださいね。
それが、周りに笑顔を呼び、あなた自身も楽しませる、コヨーテからの贈り物です。

ウマ

何でも全力って、バランス悪いよ？

ウマ

さじ加減

【解説】

古くから、私たち人間と一緒に暮らしてきた、馴染み深い存在です。
人を乗せたり馬車を引いたり、色々な場面で力を貸してくれています。
では、野生に暮らすウマたちはどうでしょう？

人間を振り払い撃退することくらい、容易くやってのけます。
人と暮らしているウマが言うことをきいてくれるのは、
野生のウマに、なにかが劣っているからではありません。
私たちとコミュニケーションを取れると知っているから、
場面に合わせて力を加減してくれているだけなんです。

もし彼らの信頼を損なう接し方をすれば、
ありったけの力で拒否することも可能なんですよ。
この『さじ加減』が、ウマのメディスンです。

【処方箋】

【プラスに作用しているとき】

コミュニケーションが取れているウマ

どの場面で、どれだけの力を出せば良いのか、自分を上手くコントロールできています。
誰かと一緒になにかをしても、ペースを合わせて順調に進められるでしょう。

【マイナスに作用しているとき】

コントロールを失った暴れウマ

つい言い過ぎてしまったり、衝動を抑えられず、なにかをやり過ぎてしまうとき、
コミュニケーションを取るよりも、力でねじ伏せようとしてしまいます。
特に言葉は、一度相手の耳に届いたら、取り消すことはできない強い力を持っています。
言い方や言葉を、慎重に選んでくださいね。
あなたが自分の力をセーブできれば、信頼を失うことは避けられます。
やり過ぎてしまって後悔する前に、一旦、気持ちを落ち着かせてくださいね。

【トーテムに望むなら】

あなたがウマをトーテムに望むなら、自分の力の強さを自覚してください。
あなたが誰かを傷つけることなく、自分を充分に発揮する生き方へと導いてくれます。

おわりに

もう30年もむかしの話です。
アメリカのワシントン州の小さな町で、インディアンのおじいさんと出会いました。
少し変わり者の彼は、英語もろくに話せない日本人の私に、
色々な体験をさせてくれました。

その中に、「森の中で人間は無力で、ほかの動物たちに学ばなければ、
食べ物ひとつ探すこともおぼつかない」そう教えてくれたことがありました。
もうひとつ、今だから分かった、大切なことがあります。
スピリチュアルがブームになり、インディアンの人たちの考え方や生き方も、
崇高なものとして紹介される時代になりました。
でも、「それは違うよ」と、変わり者のおじいさんは、
あらかじめ私に叩き込んでくれたのかもしれません。

「命は命から生まれて、命に育てられる」。

これは世界中で全ての生き物が、当たり前に繰り返している暮らしですよね。
インディアンの人たちは、そのことを大切に思い、命を持つ全てのものに、
敬意を忘れない生き方をしていた。
ただ、それだけで、私たちと何も変わらない、喜怒哀楽を感じる人間です。
人を恨んだり、傷つけてしまうこともない、神さまみたいな存在ではありません。
だからこそ、真摯に自分を生きていくために、
自然を畏れ学ぶ気持ちを忘れることは、なかったのかもしれません。

「命あるもの全てが、等しく素晴らしい」。

これが、おじいさんが私に教えてくれたことの根元であり、
今の時代だからこそ、間違えてはいけないことかと思います。
メディスンは命に学び、自分の中に生きる様々な精霊との出会いを助けてくれる、
ひとつの考え方に過ぎません。
ただ、精霊たちの存在が、あなたの心のどこかで息づいてくれるなら、
きっと、新しい自分のはじまりを体験できると思います。

「あなたは、あなたである」。

それだけで、すでに素晴らしい命のひとつであることを、忘れないでくださいね。

作者紹介

北川らん／著

20代のころ、アメリカのワシントン州で、あるインディアンのおじいさんと運命的な出会いをする。そのインディアンのおじいさんは、「目に見える形や格好にインディアンの誇りがあるのではなく、"日々をどう生きるか"が大切なのだ」という考えから、インディアンの肩書きを一切捨て、森で生活していた。そのおじいさんから、「一人で森に入り、自分が何かを知るように」と命じられる。毛布一枚とライター個で、たったひとり森の中を過ごす日々の中で、ひたすら無力で非力な自分に出会い、生きている喜びを知る。おじいさんとの暮らしの中で、善く生きていくために、大切にすべき様々なことを学び、帰国。おじいさんには、なんの肩書きもないため、弟子である北川にも、名乗るべき肩書きはない。その後、病院、介護施設などで、相談員、介護福祉士として働く傍ら、インターネットサイトで、占い師として活動を始める。カウセリングに重点を置き、メディスン・ビジョンクエストタロットを使い活動中。

佐俣水緒（さまた みお）／絵

1977年 兵庫県生まれ。
女子美術大学 芸術学部絵画科洋画専攻 卒業。
ゲーム会社勤務を経て、イラストレーターとして活動中。

Animal Medicine Book
アニマルメディスンブック

2017年3月7日 初版第1刷

著 者	北川らん／佐俣水緒	〒101-0051 東京都千代田区神田神保町2-32前川ビル
発行人	石川眞貴	電 話 03-3261-7668
発行所	株式会社 じゃこめてい出版	FAX 03-3261-7669
		振 替 00100-5-650211
		URL http://www.jakometei.com/

装丁・本文デザイン／岡空俊輔（タタンカ村）
DTP／Kre Labo
印刷・製本／株式会社 上野印刷所

©北川らん　佐俣水緒2017 Printed in Japan
ISBN978-4-88043-448-3 C0076

本書の全部または一部を無断で複写（コピー）することは著作権法上禁じられています。造本には十分注意しておりますが、万一、落丁、乱丁などがありましたらお取り替えいたします。弊社宛ご連絡下さい。